Bibliothèque Municipale

DE LA

VILLE D'AUBERVILLIERS

Avenue de la République (au Square)

SUPPLÉMENT AU CATALOGUE

= 1928 =

PARIS

IMPRIMERIE ADMINISTRATIVE CENTRALE

8, RUE DE FURSTENBERG

Bibliothèque Municipale

DE LA

VILLE D'AUBERVILLIERS

Avenue de la République (au Square)

SUPPLÉMENT AU CATALOGUE

=== 1928 ===

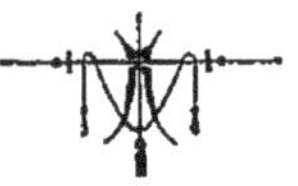

PARIS

IMPRIMERIE ADMINISTRATIVE CENTRALE

8, RUE DE FURSTENBERG

DIVISIONS DU CATALOGUE

Pages

I. — Philosophie, Morale...................... 3

II. — Economie politique et sociale. — Législation. — Administration....................... 3

III. — Histoire. — Biographie. — Mémoires. — Science militaire............................ 4

IV. — Géographie et Voyages.................... 6

V. — Littérature. — Poésie. — Théâtre........... 6

VI. — Romans. — Contes et Nouvelles............ 7

VII. — Enseignement. — Education. — Pédagogie. — Dictionnaires ....i. 19

VIII. — Sciences mathématiques. — Comptabilité.... 20

IX. — Sciences physiques et naturelles............. 20

X. — Agriculture. — Industrie. — Métiers et Commerce 20

XI. — Economié domestique. — Science médicale. — Hygiène................................... 22

XII. — Archéologie. — Beaux-Arts. — Arts industriels. — Musique................................. 22

XIII. — Revues et ouvrages périodiques............. 22

XIV. — Table des noms d'auteur par ordre alphabétique 23

SUPPLÉMENT AU CATALOGUE

DE LA

BIBLIOTHÈQUE MUNICIPALE

D'AUBERVILLIERS

§ I. — PHILOSOPHIE, MORALE

6121 **Flammarion.** — La Mort et son mystère. — Avant la mort.
6122 — La Mort et son mystère. — Autour de la mort.
6123 — La Mort et son mystère. — Après la mort.
6821 **Lapri** (Paul). — Morale et pédagogie.
6178 **Maeterlinck** (Maurice). — Le grand secret.
6179 — L'Hôte inconnu.
6766 **Moreux** (Abbé Th.). — Les confins de la science et de la foi.
6273 **Rigolage** (Emile). — La Méthode positive en seize leçons.

§ II. — ÉCONOMIE POLITIQUE ET SOCIALE, LÉGISLATION, ADMINISTRATION

6820 **Aragon.** — Guide pratique des élections.
6297 **Archer** (J.). — Rénovation.
6149 **Bonneff.** — La vie tragique des travailleurs.
6596 **Brunet** (Frédéric). — Le socialisme expérimental.
6088 **Capitant** (H.) et **Cuche** (P.). — Cours de législation industrielle.
6271 **Clermont-Tonnerre** (E. de). — U. S. A.
6806 **Coty** (François). — Contre le communisme.
6807 **Daudet** (Léon). — L'agonie du régime.
6652 **Félix** (Maurice). — Extension et aménagement des villes.
6275 **Guy-Grand** (Georges). — Sur la paix religieuse.
6195 **Jaurès.** — Action socialiste.
6666 **Jolly** (Pierre). — L'Etat, les Départements, les Communes, etc..., dans les Sociétés Anonymes.

6069   **Julliot** (Charles). — Nouveaux avantages accordés aux titres nominatifs.

6086-6826   **Julliot** (Charles). — Traité formulaire de la division des maisons.

6274   **Labadie** (Jean). — Si j'étais Ministre des Finances.

6665   **Lainville** (Robert). — Les fonds spéciaux dans les finances communales.

6200   **Lénine.** — La Révolte prolétarienne.

6201   —   La maladie infantile du communisme.

6202   —   L'Etat et la Révolution.

6183   **Marchand** (René). — La Condamnation d'un régime.

6661   **Paon** (Marcel). — L'immigration en France.

6600   **Paul** (Louis). — Le Syndicalisme français.

6592   **Peyronnet** (A.). — Le Ministère du Travail (1906-1923).

6083   **Poincaré** (Raymond). — Histoire Politique (IV) 15 septembre 1921-15 janvier 1922.

6822   —   L'Œuvre financière et Economique du Gouvernement.

6295   **Préfecture de la Seine.** — Recueil statistique des logements (1923).

6082   **Raiga** (Eug.) et **Félix** (M.). — Le régime administratif et financier du département de la Seine.

6656   **Rouilly.** — Les Lotissements.

6576   **Strauss** (Paul) et **Baulez** (Ch.). — Habitations à bon marché.

6196   **Trotsky.** — L'Avènement du Bolchevisme.

6197   —   Terrorisme et Communisme.

6198   —   Nouvelle Etape.

6610   **Vallat** (Dr Auguste). — Un nouvel aperçu du problème colonial.

6668   Les Emplois réservés.

6823   Code pratique des lotissements et des associations syndicales.

6824   Centimes communaux et taxes nouvelles.

§ III. — HISTOIRE, BIOGRAPHIE, MÉMOIRES, SCIENCE MILITAIRE

6194   **Antonelli** (Etienne). — La Russie Bolcheviste.

6607   **Appell** (Paul). — Henri Poincaré.

6298   **Archer** (J.). — L'Enigme de la guerre.

6163   **Caillaux** (Joseph). — Mes Prisons.

6164   —   Agadir.

6165   —   Où va la France? Où va l'Europe?

6599 **Chambolle** (A.). — Retours sur la vie.
6598 **Chancerelle** (Léon). — Jean-Julien Lemordant.
6655 **Dauphin-Meunier.** — Autour de Mirabeau.
6810 **Delteil** (Joseph). — Jeanne d'Arc.
6075 **Destrée** (Jules). — Les fondeurs de neige.
6624 **Donnay** (Maurice). — La vie amoureuse d'Alfred de Musset.
6827 **Driault.** — La vraie figure de Napoléon.
6603 **Foulon** (Maurice). — Les Pantinois sous l'ancien régime.
6066 **Gaudy.** — L'Agonie du Mont Renaud.
6270 **Germain** (J.) et **Faye** (S.). — Le général Laperrine.
6070 **Gheusi.** — Galliéni.
6606 **Gilbert Gile-Nicaud.** — Pelletier d'Oisy (Raid merveilleux).
6072 **Got** (Ambroise). — La Terreur en Bavière.
6073 **Grimauty** (F.-H.). — Les six derniers mois de guerre en Belgique.
6264 **Haraucourt** (Edmond). — Histoire de la France expliquée au Musée de Cluny.
6813 **Herriot** (Edouard). — Dans la forêt normande.
6814 — Madame Récamier et ses amis.
6193 **Jaurès.** — Histoire de la Révolution Française.
6087 **Launay** (Louis de). — Une famille de la bourgeoisie parisienne pendant la Révolution.
6266 **Le Page** (Louis). — Epernay pendant la guerre.
6194 **Lévy** (Roger). — Trotsky.
6063 **Lomon.** — La route de la victoire.
6660 **Lucieto.** — En Missions spéciales.
6272 **Madelin** (Louis). — La France du Directoire.
6265 **Mairet** (Louis). — Carnet d'un combattant.
6670 **Melia** (Jean). — Bombardement de Bône et de Philippeville.
6611 **Mirman** (Léon). — Histoire de la Grande Guerre.
6768 **Ossendowski** (Ferdinand). — Le Maroc enflammé.
6667 **Perrin** (Emile). — Marcelin Berthelot.
6184 **Pevet** (Alfred). — Les responsables de la guerre.
6671 **Poincaré** (Raymond). — Au Service de la France (4 vol.- 2 exemplaires).
6613 **Réau** (R.-G.). — Les crimes des Conseils de guerre.
6664 **Riotor** (Léon). — La nouvelle Autriche.
6825 **Robillard** (Marcel). — Les Ecrivains beaucerons.
6663 **Séron.** — Suresnes.
6658 **Tiersot.** — Les Couperins.
6108 **Tolstoï.** — Mes Mémoires.
6289 **Vidal** (Gaston). — Saint-Just.

6657 **Wolfe Howe** (de). — Vie et correspondance de Barrett Wendell.
6623 **X...** — Les Evasions célèbres.
6669 Paris en état de défense en 1914.

§ IV. — GÉOGRAPHIE, VOYAGES, MŒURS ET COUTUMES

6605 **Alype** (Pierre). — L'Empire des Nègres.
6263 **Aubaut de la Haulte-Chambre.** — Les Iles Parisiennes.
6609 **Aurenchi** (Dr H.). — Sur les Chemins de la Corse.
6601 **Cottreau et Le Chartier.** — Indes, Extrême-Orient, Océanie.
6597 **Gilles-Normand.** — Au pays de l'Or.
6831 **Haard et Ardouin-Dubreuil.** — La Croisière Noire.
6815 **Homberg** (Octave). — La France des cinq parties du monde.
6745 **Lindberg** (Charles). — Mon Avion et Moi.
6185 **Nansen** (Fridtjof). — Vers le Pôle.
6608 **Vaillat** (Léandre). — Le Collier de Jasmin.

§ V. — LITTÉRATURE, POÉSIE, THÉATRE

6564 **Adam** (Paul). — Le Cuivre.
6565 **Aicard** (Jean). — La Légende du Cœur.
6139 **Bataille** (Henri). — Le Phalène.
6140   —   L'Amazone. — Les Flambeaux.
6110 **Barbusse** (Henri). — Le Couteau entre les dents.
6111   —   L'Enfer.
6112   —   La lueur dans l'abîme.
6116   —   Pleureuses.
6117   —   Paroles d'un combattant.
6566 **Beaumer.** — Les limites du cœur.
6187 **Brieux.** — Blanchette.
6188   —   La Robe rouge.
6189   —   La Foi.
6259   —   Les Avariés.
6653 **Cathlin** (Léon). — Mon bâton de berger.
6186 **Dante** (Alighiéri). — La Divine Comédie.
6654 **Demingne** (Charles). — Pas à pas.
6567 **Fabre.** — Théâtre.
6568 **Lavedan.** — Catherine.
6569   —   Viveurs.
6570 **Margueritte** (Paul et Victor). — L'Autre.
6124 **Mirbeau** (Octave). — Le foyer.
6128   —   Les Mauvais bergers.

6828   **Olivieri** (Charles). — La Corse héroïque.
6574   **Richepin.** — La Chanson des Gueux.
6180   **Rolland** (Romain). — La Montespan.
6181   —   Le 14 Juillet.
6182   —   Les Loups.
6157   **Rostand** (Edmond). — Cyrano de Bergerac.
6573   —   —
6158   —   L'Aiglon.
6159   —   Chanteclerc.
6160   —   Les Musardises.
6161   —   La Samaritaine.
6572   —   Les Romanesques.
6571   **Rostand** (Maurice). — La Gloire.
6294   **Tharaud** (Jérôme et Jean). — Le Chemin de Damas.
6575   **Wolff.** — Théâtre.

§ VI. — ROMANS, CONTES ET NOUVELLES

6618   **About** (Edmond). — Le Roi des Montagnes.
6299   **Adam** (Paul). — Enfants d'Austerlitz.
6300   **Aicard** (Jean). — Fleur d'abîme.
6625   **Aimard** (Gustave). — Les francs-tireurs.
6301   **Alanic** (Mathilde). — Derrière le voile.
6672   —   Et l'amour dispose.
6674   —   Rayonne.
6675   —   Aime et tu renaîtras.
6302   **Allais** (Alphonse). — A l'œil.
6676   **Anet** (Claude). — La Rive d'Asie.
6303   **Annunzio** (d'). — Enfant de volupté.
6788   **Anquetil** (Georges). — Satan conduit le bal.
6789   **Ardel** (Henri). — L'imprudente aventure.
6677   **Arnoux** (Jacques d'). — Paroles d'un revenant.
6790   **Audoux** (Marguerite). — De la ville au moulin.
6304   **Balzac** (Honoré de). — Curé de Tours.
6305   —   Vieille fille.
6306   —   Histoire des Treize.
6307   —   Le lys dans la Vallée.
6308   —   La peau de chagrin.
6113   **Barbusse** (Henri). — Le feu.
6114   —   Clarté.
6115   —   Nous autres.
6678   Jésus.
6679   —   Les enchaînements (2 vol.).

6680	**Barclay** (Florence). — La châtelaine de Shenstone.
6681	— En suivant l'étoile.
6791	— Le Rosaire.
6309	**Barrès** (Maurice). — Colette Baudoche.
6310	— Le jardin de Bénérice.
6311	— Jardin sur l'Oronte.
6312	**Baudelaire** (Charles). — Les fleurs du mal.
6147 et 6313	**Bazin** (René). — Donatienne.
6314	**Bazin** (René). — Les Oberlé.
6315	— Les nouveaux Oberlé.
6316	— De toute son âme.
6317	**Baumer** (André). — L'Amour et le Secret.
6318	— Une âme de femme.
6319	— Suzanne et le plaisir.
6792	**Bedel** (Maurice). — Jérôme 60° de latitude nord.
6290	**Bellanger** (René). — La vie humaine.
6080	**Benoît** (**Pierre**). — L'Atlantide.
6324	— La chaussée des Géants.
6325	— Koenigsmarck.
6682	— Le Roi lépreux.
6683	— La Châtelaine du Liban.
6684	— Le puits de Jacob.
6685	— Mademoiselle de la Ferté.
6686	— Alberte.
6326	**Berger** (Cyril). — Pendant qu'il se bat.
6190	**Bernard** (Tristan). — Un mari pacifique.
6191	— Amants et Voleurs.
6192	— Mémoires d'un jeune homme rangé.
6320	— L'Enfant prodigue.
6321	— Le Jeu de massacre.
6322	— Le poil civil.
6323	— Le taxi fantôme.
6327	**Bertheroy** (Jean). — Les délices de Mantoue.
6687	**Billotey** (Pierre). — La fortune de Fortuné.
6328	**Binet-Valmer.** — La Créature.
6329	— Le Désir et le Péché.
6330	— Le Désordre.
6331	— L'Enfant qui meurt.
6332	— Jours sans gloire.
6333	— Lucien.
6334	— Le Mendiant magnifique.
6335	— Les Métèques.
6336	— Parce que tu souffres.
6337	— La Passion.

6338 **Birabeau** (André). — Le Parfum de la femme coupable.
6150 **Bonnéff.** — Didier hômme du peuple.
6277   —   Aubervilliers.
6170 **Bordeaux** (Henri). — La Robe de laine.
6339   —   La Croisée des chemins.
6340   —   La Maison.
6341   —   La Nouvelle Croisade
6688   —   Voyageur d'Orient.
6689   —   La Chartreuse du Reposoir.
6690   —   Le Barrage.
6691   —   Le Lac noir.
6692   —   L'Amour et le Bonheur.
6793   —   Dans la montagne des Druses.
6342 **Bourget** (Paul). — L'Enigme.
6343   —   La Geôle.
6344   —   Cœur de femme.
6693   —   Nos Actes nous suivent.
6694   —   Conflits intimes.
6695   —   Le Danseur mondain.
6696   —   Un Saint.
6345 **Boylesve** (René). — L'Enfant à la balustrade.
6346 **Brette** (Jean de la). — Rêver et vivre.
6347   —   Aimer quand même.
6348   —   Un Obstacle.
6697   —   Les Reflets.
6794   —   Mon oncle et mon curé.
6795   —   La Solitaire.
6698 **Brion** (Vincent). — La boniche.
6699   —   Une petite de Montmartre.
6700   —   Chez les autres.
6281 **Bru** (Paul). — La Rinette.
6349   —   Le droit d'être mère.
6350   —   En démence.
6701 **Brulat** (Paul). — La Gangue.
6796 **Cahuet** (Albéric). — Le Masque aux yeux d'or.
6702 **Carco** (Francis). — L'équipe.
6797 **Chack** (Paul). — Sur les bancs de Flandre.
6351 **Champol.** — Le Mari de Simone.
6352   —   Les revenantes.
6703   —   La Rivale.
6704 **Champsaur** (Félicien). — Le bandeau d'Eros.
6705   —   Le Chemin du Désir.
6706   —   Le combat des Sexes.
6707   —   Jeunesse.

6798 **Chantepleure** (Guy). — Ames féminines.
6799 — Le Hasard et l'Amour.
6800 — L'aventure d'Huguette
6801 — Les ruines en fleurs.
6802 — La Ville assiégée
6803 — Sphinx blanc.
6804 — Ma Conscience en robe rose.
6805 **Chateaubriant** (A. de). — La Brière.
6619 **Chatrian** (Erckmann). — Contes des bords du Rhin.
6708 **Chaumont** (Magdeleine). — La Divine maîtresse.
6709 — L'Eveil.
6710 — La Vie ardente.
6711 **Colette.** — La Fin de chéri.
6712 — La Femme cachée.
6353 **Cooper** (Feminoore). — Le Corsaire rouge.
6354 **Corday** (Michel). — La Vénus ou les deux risques.
6078 **Corrard** (Pierre). — L'Ecole des maîtresses.
6358 **Courteline** (Georges). — Client sérieux.
6359 — Femmes d'amis.
6360 — Les Linottes.
6713 **Curwood** (James). — Le Piège d'or.
6714 — Kazan.
6715 — Bari chien loup.
6716 — Les Chasseurs de loups.
6361 **Danrit** (Capitaine). — Alerte.
6362 — Au-dessus du Continent Noir.
6363 — L'aviateur du Pacifique.
6364 — Evasion d'Empereur.
6365 — La guerre souterraine.
6366 — Les Robinsons de l'air.
6367 — Les Robinsons sous-marins.
6368 **Daudet** (Alphonse). — Sapho.
6369 — La Nabab.
6370 **Daudet** (Léon). — Le Cœur et l'absence.
6371 — La Déchéance.
6372 — La Mésentente.
6808 — L'Astre noir.
6717 **Deberly** (Henri). — Le Supplice de Phèdre.
6718 **Dekobra** (Maurice). — La Madone des Sleepings.
6719 — La Gondole aux chimères.
6720 — Flammes de velours.
6832 — Mon cœur au ralenti.
6809 **Delarue-Mardrus** (Lucie). — La petite fille comme ça.
6171 **Delly.** — Esclave ou reine.

6373 **Delly.** — La Chatte blanche.
6374   —   Le Fruit mur.
6375   —   Mitsi.
6721   —   Les Ombres.
6733   —   L'Infidèle.
6079 **Derys** (Gaston). — L'amant des Vierges.
6376 **Deutsch** (Léon). — Les époux camarades.
6138 **Diderot.** — La Religieuse.
6722 **Dorgelès** (Roland). — Le Réveil des morts.
6723   —   Partir.
6724   —   Sur la route mandarine.
6725   —   Les Croix de bois.
6084 **Doussain** (Gustave). — Castel Pépère.
6154 **Doyle** (Conan). — Aventures de Sherlock Holmès.
6355   —   Le chien de Baskerville.
6356   —   Crime étrange.
6357   —   Le drame de Korosko.
6811 **Duhamel** (Georges). — La possession du monde.
6377 **Dumas** (Alexandre). — La Dame aux Camélias.
6378   —   Les Compagnons de Jehu.
6726 **Dunan** (Renée). — La culotte en jersey de soie.
6068 **Escholier** (Raymonde). — Danson la trompeuse.
6812   —   Cantegril.
6119 **Farrère** (Claude). — Les petites alliées.
6120   —   Fumées d'opium.
6379   —   Les condamnés à mort.
6380   —   La dernière déesse.
6381   —   Thomas l'agnelet.
6382   —   La maison des hommes vivants.
6727   —   Une jeune fille voyagea.
6728   —   Le dernier Dieu.
6729   —   Cent millions d'or.
6383 **Fischer** (Max et Alex.). — L'amant de la petite Dubois.
6384   —   Pour s'amuser en ménage.
6385   —   Camembert-sur-Ourcq.
6386   —   Après vous mon Général.
6155 et 6387 **Flaubert.** — Salammbô.
6156 **Flaubert.** — Madame Bovary.
6388 **Flers** (Robert de). — La petite table.
6389 **Foley** (Charles). — Au téléphone.
6390   —   Cabotinette.
6391   —   Sylvette et son blessé.
6730 **Fouchardière** (G. de la). — L'Affaire peau-de-balle.
6731   —   A la recherche d'un Dieu.

6141 **France** (Anatole). — Sur la pierre blanche.
6142 —   La révolte des Anges.
6143 —   Le puits de Sainte-Claire.
6144 —   Les désirs de Jean Servein.
6145 —   Le petit Pierre.
6392 —   Le lys rouge.
6393 —   M. Bergeret à Paris.
6394 **Frapié** (Léon). — Les Obsédés.
6395 et 6732 **Frapié** (Léon). — La Virginité.
6396 **Frappa** (Jean-José). — A Salonique sous l'œil des Dieux.
6397 **Genevoix** (Maurice). — Rémi des Rauches.
6398 **Géniaux** (Charles). — Le château Clair-de-Lune.
6399 —   Le choc des races.
6400 —   Les cœurs gravitent.
6401 —   La lumière du cœur.
6402 —   La passion d'Armelle Louarnais.
6593 et 6595 **Gibert** (Valentine). — Pays d'éternité.
6734 **Gilbert** (Marion). — Le joug.
6168 **Gorky.** — Valenka Olessova.
6169 — L'Angoisse.
6406 — Le Patron.
6407 — Les Vagabonds.
6403 **Goron.** — Les Chauffeurs de l'an VIII.
6404 — Les nuits rouges. — Coup double.
6405 —   — Policiers et rastas.
6408 **Gouvieux** (Marc). — Le Maître de l'air.
6410 **Guitry** (Lucien). — Risquetou.
6409 **Guviec** (Jean). — Le Protecteur.
6411 **Gyp.** — La Bassinoire.
6412 — La Cayenne de Rio.
6413 — Ceux qui s'en f...
6414 — La chasse de Blanche.
6415 — Les femmes du Colonel.
6416 — Le monde à côté.
6417 — Un raté.
6626 — La bonne fortune de Toto.
6735 — Mon ami Pierrot.
6736 — Mademoiselle Loulou.
6830 — Souvenirs d'une petite fille.
6418 **Halevy** (Ludovic). — L'abbé Constantin.
6419 **Hermant** (Abel). — La Dame de la Guerre.
6420 —   Le petit prince et la clef.
6737 —   Les Epaves.
6421 **Hervieu** (Paul). — L'armature.

6422 **Hervieu** (Paul). — Flirt.
6423 **Hirsch** (Charles-Henry). — Amaury d'Ornières.
6424   —   Le crime de Potru.
6425   —   Eva Tumarche baronne
6426   —   Eva Tumarche et ses amis.
6427   —   La grande Capricieuse.
6428   —   Nini Godache.
6429   —   Le Tigre et Coquelicot.
6262 **Homsy** (Gaston). — Si les Allemands avaient gagné la
                             guerre.
6152 **Hugo** (Victor). — Les Misérables.
6430   —   Bub Jargal.
6431 **Ivoi** (Paul d'). — Millionnaire malgré lui.
6738 **Kellermann** (Bernhard). — La Mer.
6739   —   Le Tunnel.
6740 **Kessel** (J.). — Les Cœurs purs.
6741   —   L'Equipage.
6627 **Kipling** (Rudyard). — La lumière qui s'éteint.
6628   —   La plus belle histoire du monde.
6629   —   Sous les déodars.
6630   —   Le second livre de la Jungle.
6631   —   L'homme qui voulut être roi.
6632   —   Nouveaux contes des Collines.
6633   —   Capitaines courageux.
6634   —   Le livre de la Jungle.
6635   —   Kim.
6432 **Kock** (Paul de). — Paul et son chien. — Les époux
                            Chamoureau.
6614   —   Œuvres (Nº 1).
6615   —   —   (Nº 2).
6616   —   —   (Nº 3).
6617   —   —   (Nº 4).
6816 **Lamandé** (André). — Ton pays sera le mien.
6433 **Lamartine.** — La chute d'un ange.
6434 **Lano** (Pierre de). — L'école des baisers.
6435   —   La Piaffe.
6436 **Lavedan** (Henri). — La Baignoire neuf.
6437   —   C'est servi.
6438   —   Les Jeunes.
6439   —   Le Lit.
6440   —   Mademoiselle Vertu.
6817   —   Emotions.
6153 **Leblanc** (Maurice). — Arsène Lupin.
6441   —   Arsène Lupin contre Sherlock Holmès.

6177 **Lefèvre (R.) et Vaillant-Couturier.** — La guerre des soldats.
6130 **Lemonnier (Camille).** — Un mâle.
6131   —   Thérèse Monique.
6132   —   L'Amant passionné.
6133   —   La maison qui dort.
6442 **Lemonnier (Léon).** — L'entente cordiale.
6742 **Leroux (Gaston).** — Mister Flow.
6818   —   Le Fils de trois pères. — Hardigras.
6743 **Lichtenberger (André).** — Mon petit Trott.
6744   —   La petite sœur de Trott.
6746 **London (Jack).** — Croc blanc.
6747   —   Martin Eden.
6748   —   Le Vagabond des Etoiles.
6749   —   Le fils du loup.
6750   —   Michael chien de cirque.
6751   —   En pays lointain.
6752 **Londres (Albert).** — Dante n'avait rien vu (Biribi).
6753   —   Le chemin de Buenos-Aires.
6754   —   Au bagne.
6755   —   Chez les fous.
6443 **Loredan (Jean).** — L'Homme aux aigles.
6444   —   La peine de vivre.
6445 **Loti (Pierre).** — Quelques aspects du vertige mondial.
6446   —   Au Maroc.
6447   —   Aziyadé.
6448   —   Les Désenchantées.
6449   —   Mademoiselle Chrysantème.
6450   —   La mort de Philoé.
6451   —   Le roman d'un spahi.
6452   —   Pêcheurs d'Islande.
6453 **Louys (Pierre).** — Aphrodite.
6756   —   Psyché.
6454 **Machard (Alfred).** — Bout de bibi.
6455   —   Graines de bois de lit.
6456   —   Trique, Nénesse et Souris l'arpète.
6757 **Machard (Raymonde).** — La Possession.
6758   —   Tu enfanteras.
6457 **Mael (Pierre).** — L'énigme du Transtévère.
6458   —   Julia la Louve.
6459   —   Pour l'amour.
6460 **Malot (Hector).** — En famille.
6461   —   La petite sœur.
6462   —   Romain Kalbris.
6463   —   Cœurs d'amoureuses.

6464 **Malot** (Hector). — Eve de France.
6763 **Margueritte** (Lucie-Paule). — Les leçons de l'amant.
6465 **Margueritte** (Paul). — L'Embusqué.
6466   —   Gens qui passent.
6467   —   Jouir.
6468   —   L'immense effort.
6260 et 6473 **Margueritte** (Victor). — Prostituée.
6469 **Margueritte** (Victor). — La Garçonne.
6470   —   Le Compagnon.
6759   —   Le Couple.
6471   —   Cœur farouche.
6472   —   L'Or.
6474   —   Le Talion.
6475   —   La Terre natale.
6760   —   Les Criminels.
6761   —   Au bord du gouffre.
6762   —   La rose des ruines.
6476 **Marx** (Madgeleine). — La lutte finale.
6477   —   Femme.
6478   —   Toi.
6479 **Mary** (Jules). — Les briseurs de chaînes.
6594 **Massard** (Emile) et **Dallier** (Gustave). — Le forçat colonel.
6089 **Maupassant** (Guy de). — Le père Milon.
6090   —   Misti.
6091 et 6481 —   Yvette.
6092   —   La Vie errante.
6093   —   La main gauche.
6094   —   Contes de la bécasse.
6095   —   La petite Roque.
6096   —   Clair de lune.
6097   —   Une Vie.
6098   —   Mademoiselle Fifi.
6099   —   Fort comme la Mort.
6100   —   Contes du jour et de la nuit.
6101   —   Sur l'eau.
6102   —   Boule-de-Suif.
6480   —   Pierre et Jean.
6482 **Mayne** (Reid). — Les Chasseurs de girafes.
6483   —   Le Doigt du destin.
6484   —   Les Exilés dans la forêt.
6485   —   A fond de cale.
6486   —   L'Habitation du désert.
6487   —   A la mer.
6760 **Mazières** (Pierre La). — J'aurai un bel enterrement.

6488 **Méry** (Jules). — Le célibatographe.
6489 — Terre païenne.
6118 **Mille** (Pierre). — Myrrhine.
6125 **Mirbeau** (Octave). — L'abbé Jules.
6126 — Dingo.
6127 — Sébastien Roch.
6128 — Les mauvais bergers.
6129 — Le Calvaire.
6490 — Le Jardin des supplices.
6491 — Journal d'une femme de chambre.
6492 **Mistral** (Frédéric). — Mireille.
6067 **Mylès** (Henri). — La fin de Stamboul.
6765 **Morand** (Paul). — Lewis et Irène.
6819 — Boudha vivant.
6767 **Mycho** (André). — Un Mari quadrupède.
6493 **Naudeau** (Ludovic). — Les plaisirs du Japon.
6494 **Ohnet** (Georges). — Le Maître de forges.
6495 — La Grande Marnière.
6496 **Orléac** (Jehanne d'). — Un grand blessé.
6497 — Madeleine de Glapion.
6498 — Vers lui.
6499 **Paillot** (Fortuné). — Amant ou maîtresse.
6500 — La Chair fraîche.
6501 — Les Epoux scandaleux.
6502 **Pascal** (Félicien). — Le Masque déchiré.
6074 **Ponsot** (Georges). — Roman de la rivière.
6503 **Prévost** (Marcel). — L'adjudant Benoît.
6504 — Pierre et Thérèse.
6505 — La princesse d'Erminge.
6506 — Les don Juanes.
6507 — Lettres à Françoise.
6508 — Lettres à Françoise maman.
6769 — La retraite ardente.
6509 **Rachilde.** — Le Château des deux amants.
6510 — La Haine amoureuse.
6770 — Monsieur Vénus.
6511 **Reboux** (Paul). — Chonchon.
6512 — Colin ou les voluptés tropicales.
6513 — Les Drapeaux.
6103 **Regnier** (Henri de). — La canne de Jaspe.
6104 — La Cité des eaux.
6514 **Renard** (Jules). — Poil de Carotte.
6515 **Renel.** — Le Décivilisé.
6516 **Reval.** — La Bachelière.

6517 **Reval**. — La Fontaine des amours.
6518 **Riche** (Daniel). — Le Foyer provisoire.
6519   — .   Le Marchepied.
6520 **Richepin** (Jean). — La Glu.
6521   —   La Clique.
6064 **Riotor**. — Un Chauffeur.
6065   —   En Auto.
6771 **Robert** (Louis de). — L'Anneau ou la jeune fille impru-
                              dente.
6772   —   Paroles d'un Solitaire.
6522 **Rochard** (Emile). — Les deux Eves.
6523   —   Sonnez clairons
6524 **Rolland-Romain**. — JeanChristophe.
6525   —   Jean Christophe à Paris.
6526   —   Jean Christophe. La fin du voyage.
6829   —   L'Ame enchantée.
6527 **Rosny** (J.-H.). — L'Amour d'abord.
6528   —   L'Amoureuse aventure.
6529   —   L'appel au bonheur.
6530   —   L'énigme de Givreuse.
6531   —   Perdus.
6532   —   Les Pures et les Impures.
6162 **Rostand** (Maurice). — Le cercueil de Cristal.
6533   —   Le Pilori.
6604 et 6659 **Rouquier** (Louis). — Contes à la volée.
6534 **Sales** (Pierre). — La Conquête.
6535   —   Femme et maîtresse.
6536   —   Le petit charbonnier.
6537   —   L'Enfant du péché.
6538 **Seinant**. — Dache, perruquier des Zouaves.
6151 **Severine**. — Line.
6539 **Sienkiewicz**. — Quo Vadis.
6146 **Stendhal**. — La chartreuse de Parme.
6540 **Sue** (Eugène). — Les Mystères de Paris (8 vol.).
6541 **Taillis** (Hélène de). — Enterrons l'adultère.
6542 **Tinayre** (Marcelle). — La maison du péché.
6543   —   La Rebelle.
6544 **Tetayana**. — Simplement.
6105 **Tolstoï**. — Katia.
6106   —   La Famine.
6107   —   La Puissance des ténèbres.
6109   —   Deux générations.
6545   —   Nouvelle vie.
6773 **Trilby**. — Arlette jeune fille moderne.

6176   **Vaillant-Couturier** (Paul). — Permission de détente.
6166   **Vallès** (Jules). — Le bachelier.
6167   —   L'Enfant.
6775   **Vautel** (Clément) et **Fouchardière** (G. de la). — Monsieur Mézigue.
6776   **Vautel** (Clément). — La réouverture du paradis terrestre.
6777   —   Les folies bourgeoises.
6778   —   Madame ne veut pas d'enfant.
6779   —   L'amour à la parisienne.
6780   —   Mon curé chez les riches.
6781   —   Mon curé chez les pauvres.
6782   —   Je suis un affreux bourgeois.
6546   **Veber** et **Willy.** — Une passade.
6148   **Verne** (Jules). — Le tour du monde en quatre-vingts jours.
6547   —   Autour de la lune.
6548   —   Le capitaine Hatteras. Les Anglais au pôle Nord.
6549   —   Capitaine de quinze ans.
6550   —   Cinq semaines en ballon.
6551   —   Les cinq cents millions de la Béguin.
6552   —   De la terre à la lune.
6553   —   La maison à vapeur.
6554   —   Michel Strogoff.
6555   —   Au pays des fourrures.
6556   —   Une ville flottante.
6620   —   L'Etoile du Sud.
6621   —   Robur le Conquérant.
6622   —   Voyage au centre de la terre.
6557   **Vignes Rouges** (Jean des). — André Rieu, officier de France.
6558   —   Cent millions.
6784   **Viaux** (Marcelle). — Marie du peuple.
6783   **Villetard** (Pierre). — Les poupées se cassent.
6785   **Vogué** (Em. de). — Les Morts qui parlent.
6786   —   Jean d'Agrève.
6787   —   Le Maître de la mer.
6172   **Werth** (Léon). — La maison blanche.
6173   —   Clavel chez les majors.
6174   —   Clavel soldat.
6175   —   Voyages avec ma pipe.
6076   **Willy** (Colette). — Chéri.
6077   —   La Tournée du petit duc.
6135 et 6559   **Willy** (Colette). — La Vagabonde.
6136   **Willy** (Colette). — L'Ingénue libertine.

6137	**Willy** (Colette.) — Sept dialogues de bêtes.
6211	— L'envers du music-hall.
6134	— Claudine à l'école.
6560	— La Retraite sentimentale.
6561	— L'Entrave (Suite de la Vagabonde).
6562	— Le Blé en herbe.
6636	**Zevaco** (Michel). — Borgia.
6637	— L'Héroïne.
6638	— Le Capitan.
6639	— La marquise de Pompadour.
6640	— Le Rival du roi.
6641	— Triboulet.
6642	— La Cour des Miracles.
6643	— L'Hôtel Saint-Pol.
6644	— Jean Sans-Peur.
6645	— Les Pardaillan.
6646	— L'Epopée d'amour.
6647	— La Fausta.
6648	— Fausta vaincue.
6649	— Pardaillan et Fausta.
6650	— Le pont des Soupirs.
6672	— Les amours du Chico.
6563	**Zola** (Emile). — La faute de l'abbé Mouret.

§ VII. — ENSEIGNEMENT, ÉDUCATION, PÉDAGOGIE, DICTIONNAIRES

6577	**André** (Emile). — La Gymnastique pratique en famille.
6578	— Education physique et sportive des jeunes filles.
6280	**Berger-Levrault.** — Le Soldat de demain.
6662	**Beulque** (Paul). — Méthode de natation.
6081	**Cerfbeer.** — Les sports en plein air.
6279	**Coste** (L.). — Vers l'Olympiade.
6580	**Dedet** (Jacques). — Le football rugby.
6071	**Larousse.** — Le Livre de la jeune fille.
6291	**Mortier** (Raoul) et **Goucher.** — Le Code de l'Enseignement technique.
6579	**Pefferkorn** (Maurice). — Le football association.

§ VIII. — SCIENCES, MATHÉMATIQUES, COMPTABILITE

6245 **Batardon.** — Notions sommaires de Comptabilité Industrielle.
6244 **Brisset.** — A B C de Comptabilité.
6243 **Deplanque** (L.). — Tenue des Livres.
6239 **Poussart.** — Traité pratique d'arpentage.
6242 **Tripard** (L.). — Les mathématiques après l'école primaire.

§ IX. — SCIENCES PHYSIQUES ET NATURELLES

6267 **Huygens.** — Traité de la Lumière.
6581 **Jouenne** (Lucien). — Pendant vos vacances, pêchez au bord de la mer.
6268 **Lavoisier.** — Mémoires sur la respiration et la transpiration des animaux.
6276 **Roussel** (Joseph). — Le premier livre de l'amateur de T. S .F.
6269 **Spallanzani** (Lazare). — Observations et expériences sur les animalcules des infusions.

§ X. — AGRICULTURE, INDUSTRIE, MÉTIERS ET COMMERCE

6217 **Adam.** — Manuel de l'ouvrier fraiseur.
6224 — Guide pratique du tourneur sur métaux.
6287 **Bartuel** et **Rullière** (H.). — La Mine et les Mineurs.
6278 **Baud** (Paul). — Chimie industrielle.
6584 **Baudry de Saunier.** — Art de bien conduire une automobile, un cycle-car, une moto.
6585 — Initiation à la T. S. F.
6586 **Bonnamaux** (Henri). — La Menuiserie pratique.
6203 **Bourdet** et **Grall.** — A B C de l'apprenti horloger.
6227 **Bousquet.** — Coupe de pierre.
6085 **Chancerel.** — Précis de botanique forestière.
6220 **Coffignier.** — Peinture, enduits.
6221 — Couleurs et vernis.
6225 **Cotton.** — Cours de mécanique générale (2 vol.).
6236 **Coudert.** — Le chauffeur-mécanicien.

6226 **Danty la France.** — L'Art du tourneur sur métaux.
6583 **Dybowski** (Jean). — Guide de jardinage.
6602   —   Traité de la culture potagère.
6237 **Fouard.** — Traité pratique sur les charpentes en fer.
6232 **Foucault.** — Manuel du mécanicien d'aviation.
6062 **Gallotti.** — L'Entrepreneur à travers les âges.
6228 **Godeau.** — Menuiserie.
6234 **Jacquet.** — Aide mémoire de l'ouvrier mécanicien.
6223 **Leblanc.** — Les mécanismes.
6233 **Lombard** et **Caen.** — Le contremaître mécanicien.
6587 **Maillard** (Pierre). — La réparation des automobiles.
6229 **Maillot.** — Manuel du mécanicien.
6230 **Perdriat.** — Guide pratique d'atelier.
6238 **Petit** (Henri). — Le Moteur.
6235 **Poussard.** — L'Art du tourneur.
6231 **Razaud.** — Manuel de l'Automobilisme.
6129 **Roberjot.** — Cours élémentaire d'électricité indus-
          trielle.
6582 **Rouveyre** (Edouard). — Cinq cent-soixante recettes et
          procédés pratiques et expérimentés.
6204 **Soulier** (Alfred). — Les installations électriques.
6205   —   Les grandes applications de l'élec-
              tricité.
6206   —   Traité de galvanoplastie.
6218   —   Manuel de l'électricien.
6222   —   Guide pratique de l'ouvrier méca-
              nicien.
6588 **Toché** (Carlo). — L'Electricité moderne.

MANUELS RORET

6215 **Biston.** — Charpentier.
6216   —   —   — Atlas.
6208 **Blancarnoux.** — Conducteur de moteur moderne.
6213 **Boutereau.** — Dessinateur.
6214   —   —   — Atlas.
6207 **Chrytsochoides.** — Construction et montage des automo-
          biles.
6212 **Lacroix.** — Tapissier-Décorateur.
6209 **Lebrun** et **Magnier.** — Mouleur en plâtre.
6210 **Pradal-Malepeyre.** — Parfumeur.
6211 **Riffaut** et **Toussaint.** — Peintre en bâtiment.

§ XI. — ÉCONOMIE DOMESTIQUE, SCIENCE MÉDICALE, HYGIÈNE

6589 **Baron-Brisse.** — La Cuisine des familles.
6253 **Desesquello** (Dr). — Dictionnaire de Médecine et d'Hygiène.
6293 **Devraigne** (Dr L.). — Pour les futures mamans.
6590 **Durville** (Maria). — La Petite Chirurgie chez soi.
6591 —   La Petite Médecine chez soi.
6254 **Gallier-Boissière** (Dr). — Pour élever les nourrissons.
6255 —   Les maladies de poitrine.
6256 —   La bouche et les dents.
6257 —   L'œil.
6258 —   La femme.
6252 **Garnier** (Dr). — Le Mariage.
6249 **Larousse.** — La Cuisine et la Table moderne.
6296 **Lebigot** et **Boquerelle** (Mmes). — Pour rendre nos enfants souples et gracieux.
6250 **Millet-Robinet** (Mme). — Le Livre des jeunes mères.
6251 **Noir** (Dr Julien). — Hygiène.
6246 **Scheffer** et **Amy** (Mmes). — Travaux manuels et Economie domestique.
6247 —   Méthode de coupe et d'assemblage.
6248 —   Recettes de cuisine pratique.
6774 **Vachet** (Dr Pierre). — Inquiétude sexuelle.

§ XII. — ARCHÉOLOGIE, BEAUX-ARTS, ARTS INDUSTRIELS, MUSIQUE

6288 **Blum** (André). — Hogarth.
6612 **Coissac** (Michel). — Histoire du Cinématographe.
6241 **Dupuis** et **Lombart.** — Cours de dessin industriel.
6651 **Jean** (René). — Puvis de Chavannes.
6240 **Martin** (Jules). — Traité pratique de dessin industriel.
6292 **Richard** (Elie). — Paris qui meurt.

XIV. — TABLE DES NOMS D'AUTEURS PAR ORDRE ALPHABÉTIQUE

A

Pages

About (Edmond) 7
Adam 20
Adam (Paul) 6, 7
Aicard (Jean) 6, 7
Aimard (Gustave) 7
Alanic (Mathilde) 7
Allais (Alphonse) 7
Alype (Pierre) 6
André (Emile) 19
Anet (Claude) 7
Annunzio (d') 7
Anquetil (Georges) 7
Antonelli (Etienne) 4
Appell (Paul) 4
Aragon 3
Archer 3, 4
Ardel (Henri) 6
Arnoux (Jacques) 6
Aubant de la Haulte-Chambre .. 6
Audoux (Marguerite) 7
Aurenchi (Dr H.) 6

B

Balzac (Honoré de) 7
Barbusse (Henri) 6, 7
Barclay (Florence) 8
Baron-Brisse 22
Barrès (Maurice) 8
Bartuel et Rullière (H.) 20
Batardon 20
Baud (Paul) 20
Baudelaire (Charles) 8
Baudry de Saunier 20
Baumer (André) 8
Bazin (René) 8
Beaumer 6
Bedel (Maurice) 8

Pages

Berger-Levrault 18
Bernard (Tristan) 8
Bertheroy (Jean) 8
Beulque (Paul) 19
Billotey (Pierre) 8
Binet-Valmer 8
Birabeau (André) 9
Biston 21
Blancarnoux 21
Blum (André) 22
Bonnamaux (Henri) 20
Bonneff 9
Bordeaux (Henri) 9
Bourdet et Grall 20
Bourget (Paul) 9
Bousquet 20
Boutereau 21
Boylesve (René) 9
Brette (Jean de la) 9
Brieux 6
Brion (Vincent) 9
Brisset 20
Bru (Paul) 9
Brulat (Paul) 9

C

Cahuet (Albéric) 9
Caillaux (Joseph) 4
Capitant (H.) et Cuche (P.) 3
Carco (Francis) 9
Cathlin (Léon) 6
Cerfbeer 19
Chack (Paul) 9
Chambolle 5
Champol 9
Champsaur 9
Chancerel 90
Chancerelle (Léon) 5
Chantepleure 10

Pages

Chateaubriant (A. de)............ 10
Chatrian-Erckmann 10
Chaumont (Magdeleine).......... 10
Chrytsochoïdes................. 21
Clermont-Tonnerre (E. de)........ 3
Coffignier 20
Coissac (Michel).............. 22
Colette...................... 10
Cooper (Feminoore)............ 10
Corday (Michel).............. 10
Corrard (Pierre)............. 10
Coste (L.).................... 19
Cotton 20
Cottreau et Le Chartier.......... 6
Coty (François)................ 3
Coudert 20
Courteline (Georges)........... 10
Curwood (James).............. 10

D

Danrit (Capitaine).............. 10
Dante (Alighieri).............. 6
Danty la France............... 21
Daudet (Alphonse)............. 10
Daudet (Léon)............... 3. 10
Dauphin-Meunier 5
Deberly (Henri)............... 10
Dedet (Jacques)............... 19
Dekobra (Maurice)............. 10
Delarue-Mardrus (Lucie)......... 10
Delly 10
Delteil (Joseph).............. 5
Demingne (Charles)............ 6
Deplanque 20
Derys (Gaston)............... 11
Desesquelle (Dr)............... 22
Destrée (Jules)............... 5
Deutsch (Léon)............... 11
Devraigne (Dr L.)............. 22
Diderot 11
Donnay (Maurice)............. 5
Dorgeles (Roland)............. 11
Doussain (Gustave)............ 11
Doyle (Conan)................ 11
Driault 5
Duhamel (Georges)............ 11
Dumas (Alexandre)............ 11
Dunan (René)................ 11
Dupuis et Lombart 22
Durville (Maria).............. 22
Dybowski (Jean).............. 21

E

Erckmann-Châtrian 10
Eschollier (Raymonde).......... 11

F

Fabre....................... 6
Farrère (Claude).............. 11
Félix (Maurice)............... 3

Pages

Fischer (Max et Alex.)........... 11
Flammarion 3
Flaubert 11
Flers (Robert de)............. 11
Foley (Charles).............. 11
Fouard 21
Foucault 21
Fouchardière (G. de la)........ 11
Foulon (Maurice)............. 5
France (Anatole)............. 12
Frapié (Léon)................ 12
Frappa (Jean-José)............ 12

G

Gallier-Boissière (Dr)........... 22
Gallotti 21
Garnier (Dr)................. 22
Gaudy 5
Genevoix (Maurice)........... 12
Geniaux (Charles)............ 12
Germain (J.) et Faye (S.)........ 5
Gheusi 5
Gibert (Valentine)............ 12
Gilbert Gile-Nicaud........... 5
Gilbert (Marion)............. 12
Giles-Normand............... 6
Godeau 21
Gorky 12
Goron 12
Got (Ambroise).............. 5
Gouvieux (Marc)............. 12
Grimauty (F.-H.)............. 5
Guitry (Lucien).............. 12
Guirec (Jean)................ 12
Guy-Grand 3
Gyp 12

H

Haard et Ardouin-Dubreuil........ 6
Halévy (Ludovic)............. 12
Haraucourt (Edmond)........... 5
Hermant (Abel).............. 12
Herriot (Edouard)............ 5
Hervieu (Paul).............. 12
Hirsch (Charles-Henry)......... 13
Homberg (Octave)............ 6
Homsy (Gaston).............. 13
Hugo (Victor)............... 13
Huygens 20

I

Ivoi (Paul d')................ 13

J

Jacquet 21
Jaurès (Jean)............... 3, 5
Jean (René)................. 22
Jolly (Pierre)................ 3
Jouenne (Lucien)............. 20
Julliot (Charles)............. 4

K

Pages

Kellermann (Bernhard)............ 13
Kessel 13
Kypling (Ruydard)............... 13
Kock (Paul de)................... 13

L

Labadie (Jean).................... 4
Lacroix 21
Lainville (Robert)................ 4
Lamandé (André)................. 13
Lamartine....................... 13
Lano (Pierre de).................. 13
Lapri (Paul)..................... 3
Larousse 19, 22
Launay (Louis de)................ 5
Lavedan 6, 13
Lavoisier....................... 20
Lebigot et Boquerelle (Mmes)...... 22
Leblanc (Maurice)............... 13
Leblanc 21
Lebrun et Magnier................ 21
Lefèvre (R.) et Vaillant-Couturier.. 14
Lemonnier (Camille)............. 14
Lénine 4
Le Page (Louis).................. 5
Leroux (Gaston)................. 14
Levy (Roger).................... 5
Lichtenberger (André)........... 14
Lindberg (Charles)............... 6
Lombard et Caen 21
Lomon........................... 5
London (Jack)................... 14
Londres (Albert)................ 14
Loredan (Jean)................... 14
Loti (Pierre)..................... 14
Louys (Pierre)................... 14
Lucieto 5

M

Machard (Alfred)................ 14
Machard (Raymonde)............. 14
Madelin (Louis)................. 5
Mael (Pierre).................... 14
Maeterlinck (Maurice)........... 3
Maillard (Pierre)................ 21
Maillot.......................... 21
Mairet (Louis)................... 5
Malot (Hector)................... 14
Marchand (René)................ 4
Margueritte (Paul et Victor)....... 6
Margueritte (Lucie-Paul).......... 15
Margueritte (Paul).............. 15
Margueritte (Victor)............. 15
Martin (Jules)................... 22
Marx Magdeleine................. 15
Mary (Jules).................... 15
Massard (E.) et Dallier (G.)........ 15
Maupassant (Guy de)............ 15
Mayne (Reid).................... 15

Pages

Mazières (Pierre la).............. 15
Mélia (Jean)..................... 5
Mery (Jules).................... 16
Mille (Pierre)................... 16
Millet-Robinet (Mme)............ 22
Mirbeau (Octave)............. 6, 16
Mirman (Léon).................. 5
Mistral (Frédéric)............... 16
Morand (Paul)................... 16
Moreux (Abbé Th.).............. 3
Mortier (Raoul) et Goucher....... 19
Mycho (André).................. 16
Mylès (Henri)................... 16

N

Nansen (Fridtjof)................ 6
Naudeau (Ludovic).............. 16
Noir (Dr Julien)................. 22

O

Ohnet (Georges)................. 16
Oliviéri (Charles)............... 7
Orliac (Jehanne d')............. 16
Ossendowsky (Ferdinand)......... 5

P

Paillot (Fortuné)................ 16
Paon (Marcel)................... 4
Pascal (Félicien)................ 16
Paul (Louis).................... 4
Pefferkorn (Maurice)............ 19
Perdriat 21
Perrin (Emile)................... 5
Petit (Henri)................... 21
Pevet (Alfred)................... 5
Peyronnet (A.).................. 4
Poincaré (Raymond).......... 4, 5
Ponsot (Georges)................ 16
Poussard 20, 21
Pradal-Malepeyre 21
Préfecture de la Seine............ 4
Prévost (Marcel)................ 16

R

Rachilde 16
Raiga (E.) et Félix (M.).......... 4
Razaud 21
Réau (R. G.).................... 5
Reboux (Paul).................. 16
Regnier (Henri de).............. 16
Renard (Jules)................. 16
Renel 16
Reval........................... 16
Richard (Elie).................. 22
Riche 17
Richepin (Jean)............... 7, 17
Riffaut et Toussaint............. 21

Pages

Rigolade (Emile)............. 3
Riotor (Léon):............ 5, 17
Roberjot 21
Robert (Louis de)............. 17
Robillard (Marcel)............ 5
Rochard (Emile).............. 17
Rolland-Romain 7, 17
Rosny (J.-H.)................ 17
Rostand (Edmond)............. 7
Rostand (Maurice).......... 7, 17
Rouilly 4
Rouquier (Louis)............. 17
Roussel (Joseph)............. 20
Rouveyre (Edouard)........... 21

S

Sales (Pierre)............... 17
Scheffer et Amy (Mmes)...... 22
Semant 17
Séron 5
Séverine 17
Sienkiewicz 17
Soulier (Alfred)............ 21
Spallanzani (Lazare)........ 20
Stendhal 17
Strauss (Paul) et Baulez (Ch.)..... 4
Sue (Eugène)................ 17

T

Taillis (Hélène de)......... 17
Tetayana 17
Tharaud (Jérôme et Jean)........ 7
Tiersot..................... 5

Pages

Tinayre (Marcelle)............. 17
Toché (Carlo)................. 21
Tolstoï 5, 17
Trilby 17
Tripart (L.)................ 20
Trotsky 4

V

Vachet (Dr Pierre)........... 22
Vaillant-Couturier (Paul)...... 18
Vaillat (Léandre) 6
Vallat (D^r)................ 4
Vallès (Jules).............. 18
Vautel et La Fouchardière......... 18
Vautel (Clément)............. 18
Veber et Willy.............. 18
Verne (Jules)............... 18
Viaux (Marcelle)............ 18
Vidal (Gaston).............. 5
Vignes Rouges (Jean des)........ 18
Villetard (Pierre).......... 18
Vogué (Em. de).............. 18

W

Werth (Léon)................ 18
Willy (Colette)........... 18, 19
Wolfe Howe (de)............. 6
Wolff 7

Z

Zévaco (Michel)............. 19
Zola (Emile)................ 19

IMP. ADMINISTRATIVE CENTRALE, PARIS

(4005-28)

9 782329 203515